FICHE
DOCUMENT RI
MAITRI
(UNIVERSITÉ

Les Mains sales

JEAN-PAUL SARTRE

lePetitLittéraire.fr

Jean-Paul Sartre
Écrivain et intellectuel français

- **Né en 1905 à Paris**
- **Décédé en 1980 à Paris**
- **Quelques-unes de ses œuvres :**
  La Nausée (1938), roman
  Huis clos (1944), pièce de théâtre
  L'existentialisme est un humanisme (1946), essai
  philosophique

Jean-Paul Sartre est un écrivain et un philosophe français né en 1905 à Paris et mort en 1980. Célébré en même temps que rejeté pour sa pensée existentialiste, il est l'auteur de plusieurs essais comme *L'Être et le Néant* (1943) ou *L'existentialisme est un humanisme* (1946). Il a également écrit de nombreux textes littéraires dans lesquels se déploient avec force sa philosophie et sa définition de la littérature : *La Nausée* , roman publié en 1938, *Les Mouches*, pièce de théâtre parue en 1943, ou encore *Huis clos*, édité en 1944. En 1964, il refuse le prix Nobel de la littérature et publie *Les Mots*, un récit autobiographique sur sa jeunesse. Connu aussi comme le compagnon de Simone de Beauvoir (femme de lettres française, 1908-1986), Sartre a marqué les esprits tant par son activité d'écrivain que par son engagement politique d'extrême gauche.

Les Mains sales
Une véritable réflexion sur l'engagement politique

- **Genre :** pièce de théâtre
- **Édition de référence :** *Les Mains sales*, Paris, Gallimard, coll. « Folio », 1948, 245 p.
- **1re édition :** 1948
- **Thématiques :** communisme, responsabilité, action politique, conviction, engagement

Les Mains sales est une pièce de théâtre en sept tableaux écrite en 1948. Elle raconte l'histoire d'Hugo, un intellectuel bourgeois chargé de tuer Hoederer, chef communiste, sur ordre du Parti. Emprisonné pour cet acte en 1943, son incarcération prend fin en 1945. Il retrouve alors Olga, qui lui avoue que le Parti applique la politique d'Hoederer alors qu'il la désavouait deux ans plus tôt. Hoederer est devenu une icône historique. Hugo doit donc renier son crime s'il veut réintégrer le Parti. Mais, voulant assumer la responsabilité de ce meurtre, il choisit de mourir.

Les Mains sales est la pièce de Sartre qui a remporté le plus de succès. Au lendemain de la Seconde Guerre mondiale, elle constitue une réflexion sur les modalités de l'engagement et de l'action politique.

RÉSUMÉ

Hugo s'est affilié au Parti, où il est journaliste. Le jour où les autres membres reçoivent la mission de faire sauter le pont de Korsk, il fait part à Olga de son envie d'agir plus directement : écrire pour le journal du Parti pendant que les autres se font tuer ne lui suffit plus. Louis lui propose alors d'assassiner Hoederer, le chef du Parti, désormais considéré comme un traitre. En effet, Hoederer désire que le Parti prolétarien s'associe aux fascistes, aux nationalistes et aux bourgeois libéraux du Pentagone. Or le Parti se bat pour une société sans classes et pour la liberté. Hugo accepte : il devra se rendre le lendemain dans la maison de campagne d'Hoederer, et y entrer à son service en tant que secrétaire.

Hugo reproche à Hoederer de faire de l'organisation révolutionnaire un parti de gouvernement. Ce dernier explique la nécessité d'accepter l'accord. Une fois l'Armée rouge arrivée en Illyrie, le Parti aura des difficultés à garder le pouvoir : « [T]outes les armées en guerre, libératrices ou non, se ressemblent : elles vivent sur le pays occupé. Nos paysans détesteront les Russes, c'est fatal, comment veux-tu qu'ils nous aiment, nous que les Russes auront imposés ? » (p.188) De plus, une fois au pouvoir, le Parti devra prendre des mesures impopulaires pour redresser le pays en ruine. En formant un gouvernement avec les libéraux et les conservateurs, en réalisant l'union nationale, le Parti restera une minorité et fera de l'opposition à l'intérieur du gouvernement. De cette manière, il gagnera les faveurs de la population. Hugo condamne cette politique de mensonges et de compromis loin de la réalisation d'une économie socialiste qui était le programme du Parti. Hoederer pense qu'Hugo n'aime que les principes au détriment des hommes puisque cela lui est égal que des millions de gens meurent si le régent n'arrête pas la guerre. Selon lui, pour gouverner, il faut avoir les mains sales.

Hugo emménage avec sa femme, Jessica, dans la maison d'Hoederer. Slick et Georges, les gardes du corps d'Hoederer, entrent dans leur chambre, qu'ils ont pour ordre de fouiller, mais Hugo refuse de les laisser faire. Les deux hommes le traitent alors de « gosse de riche » et l'accusent d'être un intellectuel qui n'a jamais eu faim, tandis qu'eux sont entrés au Parti non pour défendre le droit de chacun au respect, mais pour échapper à la misère. Hoederer, entré à son tour dans la chambre, finit par leur faire accepter l'idée qu'ils peuvent avoir confiance en Hugo. Ils ne fouillent donc pas la pièce. Proposant de rendre la confiance par la confiance, Jessica, qui a caché le révolver d'Hugo dans son corsage, les prie de le faire, mais les gardes ne trouvent rien.

Karsky, le secrétaire du Pentagone, et le prince Paul, le fils du régent, se trouvent de l'autre côté du jardin. Ceux-ci se sont alliés au Parti car ils ont pour intérêt commun l'unité nationale et la sauvegarde de l'indépendance du territoire. Malgré leurs divergences d'opinion en matière de politique extérieure, ils se sont mis d'accord sur la nécessité pour l'Illyrie de se présenter unie aux yeux de l'étranger : les divisions intestines en Illyrie sont en effet un obstacle à la paix de demain. Ils désirent réaliser une union nationale qui trouvera son cadre dans les organisations clandestines qui existent déjà. À cette fin, Karsky et le prince Paul souhaitent que le Parti se joigne au Comité national clandestin. Le Parti disposerait de deux votes, le régent de six et le Pentagone de quatre. La proposition est jugée inacceptable par Hoederer qui exige un comité directeur réduit à six membres avec trois voix pour le Parti. Hugo s'indigne violemment contre cet accord regroupant les défenseurs des revendications légitimes des travailleurs (le Parti) et les représentants du paysannat et de la bourgeoisie. Au moment où il met la main sur son revolver, une violente détonation se fait entendre. Hoederer, Karsky et le prince quittent le bureau pour se mettre à l'abri.

Très vite, Hugo comprend que le Parti ne lui a pas fait confiance : Olga a envoyé une grenade pour tuer Hoederer alors que c'est à lui qu'incombait cette mission. Seulement, celle-ci aurait dû prendre fin huit jours plus tôt, c'est pourquoi quelqu'un d'autre a dû s'en charger. Dès lors, Hugo est considéré comme un traitre par le Parti. Olga lui laisse vingt-quatre heures pour finir la besogne.

De son côté, Jessica prévient Hoederer qu'Hugo veut le tuer. Lorsque ce dernier frappe à la porte, Jessica s'en va par la fenêtre. Hoederer tente alors de convaincre Hugo de ne pas l'assassiner : en tant qu'intellectuel, il n'a pas l'instinct d'un tueur. Hugo quitte alors la pièce. Jessica réapparait de derrière la fenêtre et Hoederer l'embrasse. Hugo les surprend alors qu'il était venu annoncer à Hoederer qu'il acceptait son aide. Il tire alors sur lui et Hoederer meurt. Il est arrêté et envoyé en prison.

Deux ans plus tard, Hugo est libéré de prison pour bonne conduite. Il rend visite à Olga à qui il avoue qu'il sait que le Parti a essayé de le liquider en prison en lui envoyant des chocolats empoisonnés. Olga le prévient que si le Parti le lui demande, elle le tuera. À ce moment, Charles et Frantz, tous deux membres du Parti, entrent pour éliminer Hugo sur ordre de Louis. Olga envoie chercher Louis et le convainc de lui laisser une nuit pour vérifier si Hugo est récupérable par le Parti.

Plus tard, Olga apprend à Hugo que le Parti a constitué un comité clandestin avec le gouvernement et les gens du Pentagone tout comme le voulait Hoederer. Le Parti a réhabilité la mémoire de ce dernier et a menti sur la volonté de ses membres de l'assassiner. Dès lors, Hugo refuse de réintégrer le Parti, qui a repris les idées d'Hoederer avec lesquelles il a toujours été en désaccord. C'est pourquoi il revendique son crime. S'il le reniait, Hoederer serait mort par hasard. Hugo préfère par conséquent la mort à sa récupération par le Parti.

ÉTUDE DES PERSONNAGES

OLGA

Présentée comme la protectrice d'Hugo, elle est tout comme lui membre du Parti. Bien qu'elle soit une femme, elle possède des traits de caractère masculins. Elle apparait dès lors comme un personnage déterminé et sévère (c'est une femme de tête), mais empreint de sentiments. Elle met tout en œuvre pour sauver Hugo ; sa conscience politique est mêlée à une conscience maternelle. Jalouse de Jessica, Olga la considère comme un élément indésirable qui risque d'influencer négativement la pensée politique d'Hugo, mais aussi de le mettre en danger dans sa mission. Elle juge Jessica bourgeoise et totalement ignorante en matière de politique.

HUGO

Enfant gâté, ce statut lui donne soif de justice sociale ; c'est pourquoi, il entre au Parti. Il y devient journaliste, mais aspire à davantage d'action. Hugo est mal intégré au sein du Parti. Ses origines bourgeoises attisent l'hostilité de ses membres qui ne croient pas en sa sympathie envers le peuple ; ils pensent qu'il a juste envie de soulager sa conscience. En réalité, en entrant au Parti, Hugo était à la recherche de vérité et d'authenticité, il tentait d'échapper à l'atmosphère mensongère de son milieu bourgeois. Mais, malgré son indignation sincèrement communiste, il a mal accompli la mission que lui avait confiée Louis et est revenu de manière peu glorieuse, après ses deux années de détention, dans les locaux du Parti pour se remettre à ses exécuteurs sans parvenir à justifier rationnellement son choix de mourir. Son caractère candide et ingénu hérité de la bourgeoisie lui a fait manquer sa vie, son acte et sa mort.

Une comparaison est à faire entre le personnage d'Hugo et Jean-Paul Sartre lui-même. Leur point commun est la bâtardise (qui procède de deux origines différentes). Cette impression de bâtardise chez Sartre est double. Elle est d'une part affective et organique : la mort de son père alors qu'il n'avait que 2 ans a suscité chez lui l'impression que les sentiments avec lesquels son grand-père le recueillait étaient surjoués. D'autre part, sa bâtardise est intellectuelle, culturelle et sociale : Sartre a des affinités avec l'Est, mais est né du côté de l'Ouest : « Je ressens personnellement profondément la contradiction entre ces deux cultures et je suis fait de ces contradictions. Mes sympathies vont indéniablement au bloc de l'Est, mais je suis né et j'ai été élevé dans une famille bourgeoise et une culture bourgeoise. » (LABESSE J., *Étude sur* Les Mains sales, p. 67)

JESSICA

Épouse d'Hugo, c'est une jeune femme issue d'une famille aisée. Jessica est plus intelligente que ce que ne laisse présager sa légèreté de caractère. Intuitive, elle sait d'emblée qu'Hugo n'est pas un assassin. Pour l'aider à mener à bien sa mission, elle met en place un plan : séduire Hoederer et provoquer la jalousie meurtrière d'Hugo. Elle y parvient, mais elle tombe dans son propre piège puisque le baiser d'Hoederer ne la laisse pas indifférente. À la suite du crime, elle s'éloigne peu à peu d'Hugo.

HOEDERER

Chef du Parti, convaincu, séduisant et cynique, il est l'homme fort de la pièce. Antithèse d'Hugo, dont il désapprouve l'éducation, il souhaite pourtant lui enseigner sa connaissance et son éthique politique. Hoederer a évidemment conscience des intentions d'Hugo, mais il pense pouvoir parvenir à le convertir à ses propres convictions. Hoederer est détenteur de la théorie des «mains sales»: «Tous les moyens sont bons quand ils sont efficaces» (p. 193); «Vous autres, les intellectuels, les anarchistes bourgeois, vous en tirez prétexte pour ne rien faire. Ne rien faire, rester immobile, serrer les coudes contre le corps, porter des gants. Moi j'ai les mains sales. Jusqu'aux coudes. Je les ai plongées dans la merde et dans le sang. Et puis après? Est-ce que tu t'imagines qu'on peut gouverner innocemment?» (p. 194) Pour Hoederer, la pureté des idées passe après le salut des hommes. Vu la fascination qu'il exerce sur Hugo, il est probable qu'il soit parvenu à le faire renoncer à sa mission, mais l'intervention de Jessica en a décidé autrement.

Sartre pense qu'Hoederer a raison d'envisager le mensonge comme une nécessité dans certaines circonstances. Bien qu'il essaie le plus possible de dire la vérité, il ment si c'est là une exigence de la praxis (activité en vue d'un résultat, nécessité).

CLÉS DE LECTURE

LE CONTEXTE HISTORIQUE

À la fin de la Seconde Guerre mondiale, les Russes et les Alliés occupent Berlin, qu'ils se partagent, mais des confrontations idéologiques et politiques ne tardent pas à faire leur apparition : les Russes interdisent alors l'accès à la ville de Berlin aux Américains. Des affrontements entre communistes et libéraux éclatent, c'est le début de la guerre froide.

La pièce se déroule entre 1943 et 1945, durant la Seconde Guerre mondiale, dans le pays imaginaire de l'Illyrie qui désigne la Hongrie, devenue communiste après sa collaboration avec le régime de l'Allemagne nazie :

- en 1920, la Hongrie est dirigée par le régent, le dictateur Horty von Nagybana qui s'est allié avec l'Allemagne nazie. En 1942, elle déclare la guerre à l'URSS ;
- les défaites allemandes face aux Russes entrainent le recul des troupes allemandes en territoire hongrois. Horty est remplacé par Szalasi en 1944. Szalasi établit un régime pronazi ;
- en 1945, Budapest, assaillie par les Russes, est obligée de capituler. Un gouvernement prosoviétique s'installe ;
- comme la Hongrie passe aux mains des communistes en mars 1945, les grands propriétaires se voient confisquer leurs terres ;

- en 1946, la Hongrie devient République populaire de Hongrie. Le communisme y a triomphé.

Sartre s'est inspiré de ces évènements pour construire une fiction : dans sa pièce, il raconte qu'en 1942, un double mouvement de résistance a pris naissance en vue de triompher du régime germanophile du régent en Illyrie : d'une part le Pentagone nationaliste, à savoir l'État major américain ; d'autre part, les marxistes, apologistes de l'émancipation de la classe ouvrière. Le régent, pressentant la défaite allemande, a voulu prendre des contacts avec le Pentagone et avec la résistance communiste (le Parti) afin de leur proposer un gouvernement tripartite pour lequel se met en place un comité national clandestin. Hoederer, chef du Parti, veut approuver la proposition du régent, provoquant la révolte des défenseurs de la pureté des idées. Ce conflit interne au parti communiste amène les « purs » à considérer Hoederer comme un traitre et à organiser son assassinat. Le désaccord politique entre deux tactiques inconciliables ne peut ainsi se résoudre que par le meurtre. Le Parti, dans la pièce de Sartre, est un mélange de prolétariens purs (marxistes) et de sociaux-démocrates (qui sont réformistes et non marxistes). Ce parti né dans le pays imaginaire de l'Illyrie est une formation bâtarde et non un réel parti communiste, d'où la vraisemblance d'un conflit né au sein même du Parti.

UNE PIÈCE POLITIQUE

Cette pièce politique moderne interroge les tactiques politiques qui aspirent au salut de l'État. Le régent, le Pentagone et le Parti ont des conceptions différentes quant à la manière de servir la nation.

En France, *Les Mains sales* est la première pièce à présenter la théorie marxiste, à savoir la lutte des classes, l'exploitation du prolétariat, la dénonciation des injustices sociales, la condamnation éternelle des dissidents et la nécessité de bannir les opposants. Sartre se montre impartial et laisse juger le lecteur ou le spectateur du dénouement de la pièce.

L'auteur lui-même a adhéré au marxisme. Il désirait la libération économique, morale, politique et culturelle du prolétariat. Il s'opposait à la domination morale de la bourgeoisie, qui se faisait par le conditionnement insidieux aux concepts abstraits de l'idéologie dominante.

Sartre, pour qui les valeurs de vérité et de liberté sont essentielles, n'a jamais renoncé à ses affinités intellectuelles avec le parti communiste bien que ses relations avec lui fussent parfois tendues en raison du caractère autoritaire et monolithique du communisme. Pour le philosophe, il n'y a pas d'autre salut pour l'homme que la libération du prolétariat.

Le Parti, dans la pièce de Sartre, est l'incarnation du prolétariat revendiquant l'émancipation de la classe ouvrière. Il exige de ses membres une fidélité et une soumission aveugle en vue de la réalisation de son objectif : la prise de pouvoir.

Dans le cas contraire, les dissidents sont traités comme des traitres. Le communisme ne prend pas en considération les critères moraux, humains et raisonnables, seule l'efficacité prévaut. Par conséquent, les dirigeants communistes, tel Hoederer, n'hésitent pas à faire usage de l'omission, du mensonge et de la falsification si cela s'avère nécessaire en vue de l'objectif à atteindre. La prise de pouvoir peut exiger aussi bien la suppression physique de membres du Parti qu'une collaboration transitoire avec l'adversaire bourgeois. Les dirigeants doivent donc se salir les mains sans avoir de scrupules.

UNE TRAGÉDIE HUMAINE

Les Mains sales est une tragédie : la pièce met en scène le drame d'un assassin sans conviction qui ne parvient pas à passer à l'acte commandé par sa mission. Le Parti est une puissance anonyme, un destin, qui impose la maxime « tuer ou être tué ». Le tragique de la pièce réside dans la conception absolue et abstraite d'une stratégie politique qui exige tous les sacrifices de la part de ses membres.

L'engagement politique, qui nécessite une adhésion totale et sans condition aux exigences parfois sales du Parti, n'empêche pas les personnages de la pièce d'être en proie à des scrupules, à des hésitations et à la souffrance. Hugo est particulièrement représentatif de ce conflit intérieur entre ses convictions politiques et son tempérament. Olga peut être dans une moindre mesure également citée en exemple en raison de son évidente inclination à protéger Hugo alors que le Parti commande sa suppression. Mais l'idée élevée au rang de

Dieu est parfois destructrice pour l'homme : l'inexorable marche vers un idéal contient peut-être en elle la nécessité de faire mourir des pairs. Olga en est aussi l'exemple puisque, pour le triomphe de ses idéaux politiques, le Parti demande la suppression physique d'Hugo pour qui elle éprouve de l'affection.

LA TEMPORALITÉ

La temporalité est une des composantes originales et essentielles de la pièce. On distingue plusieurs temporalités :

- le temps scénique. *Les Mains sales* se déroule sur deux ans, ce qui est assez peu commun. Les indications de temps sont nombreuses et précises. L'essentiel de l'action est un flashback pendant lequel Hugo raconte à Olga les évènements (scénifiés) qui se sont déroulés deux ans avant le début de la pièce. Dans le dernier tableau, nous revenons au présent. Hugo a narré son histoire, qui a duré dix jours, en trois heures, durée d'une représentation ;
- le temps historique. Facteur essentiel, il met en exergue l'évolution dans le temps des évènements qui ont conduit le Parti à décider d'exécuter Hugo. En 1943, il apparait que les Allemands sont en passe de perdre le conflit ; le régent élabore alors une parade en cherchant à s'allier le Pentagone et la Résistance. Pendant les deux ans de détention d'Hugo, la défaite allemande se confirme et le Parti décide de se débarrasser d'Hugo, qu'il considère dorénavant comme un traitre ;

- le temps psychologique. Ce temps est figuré par les quelques jours qu'Hugo passe chez Hoederer. Il est confronté à des doutes, à des réflexions et à des hésitations. Pris d'admiration pour Hoederer, il ne peut se résoudre à le tuer. Cette durée intérieure est un facteur essentiel de la pièce : Hugo, révolutionnaire convaincu de devoir accomplir une mission d'une grande importance, est progressivement désarmé, symboliquement et réellement, par la fascination qu'exerce sur lui Hoederer ;

- le temps carcéral. Pendant les deux ans de détention d'Hugo se sont déroulés des évènements historiques et politiques, mais aussi la séparation d'Hugo et de Jessica, son épouse. Le protagoniste a également mis ce temps à profit pour nourrir ses réflexions, considérer l'avenir et revenir sur son passé. Ses pensées se sont également tournées vers le Parti. Alors qu'il s'inquiétait de savoir si ses camarades ne l'avaient pas oublié, l'envoi des chocolats empoisonnés l'a rassuré sur le sujet. Si le Parti veut sa mort, cela signifie qu'il pense encore à lui.

PISTES DE RÉFLEXION

QUELQUES QUESTIONS POUR APPROFONDIR SA RÉFLEXION...

- Que peut-on déduire des opinions politiques de Jean-Paul Sartre à partir des *Mains sales* ?
- En quoi le sens tragique de la pièce diffère-t-il de celui qu'on retrouve habituellement dans les tragédies ?
- Quels sont les points communs qui existent entre *Hamlet* de Shakespeare et le personnage de Hugo Barine ?
- Le personnage d'Oreste dans *Les Mouches* de Sartre refuse également, comme Hugo à la fin de la pièce, de nier son acte. Considérez-vous qu'ils soient comparables ?
- En quoi le personnage d'Hoederer représente-t-il l'archétype du leader politique ?
- *Les Mains Sales* est-elle une pièce existentialiste ? Justifiez.
- Sartre considère qu'Hugo a raté sa vie, son acte et sa mort. Partagez-vous son opinion ? Argumentez.
- Quel parallèle peut-on établir entre l'image de l'activisme politique dans *Les Justes* de Camus et dans *Les Mains Sales* de Sartre ? En quoi ces deux pièces éclairent-elles la philosophie des deux auteurs ?
- Slick et Georges sont des personnages secondaires dans la pièce. Quel surcroit de sens lui apportent-ils ?
- Selon vous, *Les Mains Sales* fait-elle encore écho à des réalités actuelles ?

POUR ALLER PLUS LOIN

ÉDITION DE RÉFÉRENCE

- SARTRE J.-P., *Les Mains sales*, Paris, Gallimard, coll. «Folio», 1948.

ÉTUDE DE RÉFÉRENCE

- LABESSE J., *Étude sur* Les Mains sales, Paris, Ellipses, coll. «Résonances», 2006.

ADAPTATION

- *Les Mains sales*, film de Fernand Rivers, avec Pierre Brasseur, Daniel Gélin, Claude Nollier et Jacques Castelot, 1951.

SUR LEPETITLITTÉRAIRE.FR

- Fiche de lecture sur *Huis clos* de Jean-Paul Sartre
- Fiche de lecture sur *La Nausée* de Jean-Paul Sartre
- Fiche de lecture sur *Les Mots* de Jean-Paul Sartre
- Fiche de lecture sur *Les Mouches* de Jean-Paul Sartre
- Fiche de lecture sur *L'existentialisme est un humanisme* de Jean-Paul Sartre
- Fiche de lecture sur *Qu'est-ce que la littérature?* de Jean-Paul Sartre

Retrouvez notre offre complète sur lePetitLittéraire.fr

- des fiches de lectures
- des commentaires littéraires
- des questionnaires de lecture
- des résumés

GAUDÉ
- La Mort du roi Tsongor
- Le Soleil des Scorta

GAUTIER
- La Morte amoureuse
- Le Capitaine Fracasse

GAVALDA
- 35 kilos d'espoir

GIDE
- Les Faux-Monnayeurs

GIONO
- Le Grand Troupeau
- Le Hussard sur le toit

GIRAUDOUX
- La guerre de Troie n'aura pas lieu

GOLDING
- Sa Majesté des Mouches

GRIMBERT
- Un secret

HEMINGWAY
- Le Vieil Homme et la Mer

HESSEL
- Indignez-vous !

HOMÈRE
- L'Odyssée

HUGO
- Le Dernier Jour d'un condamné
- Les Misérables
- Notre-Dame de Paris

HUXLEY
- Le Meilleur des mondes

IONESCO
- Rhinocéros
- La Cantatrice chauve

JARY
- Ubu roi

JENNI
- L'Art français de la guerre

JOFFO
- Un sac de billes

KAFKA
- La Métamorphose

KEROUAC
- Sur la route

KESSEL
- Le Lion

LARSSON
- Millenium I. Les hommes qui n'aimaient pas les femmes

LE CLÉZIO
- Mondo

LEVI
- Si c'est un homme

LEVY
- Et si c'était vrai...

MAALOUF
- Léon l'Africain

MALRAUX
- La Condition humaine

MARIVAUX
- La Double Inconstance
- Le Jeu de l'amour et du hasard

MARTINEZ
- Du domaine des murmures

MAUPASSANT
- Boule de suif
- Le Horla
- Une vie

MAURIAC
- Le Nœud de vipères

MAURIAC
- Le Sagouin

MÉRIMÉE
- Tamango
- Colomba

MERLE
- La mort est mon métier

MOLIÈRE
- Le Misanthrope
- L'Avare
- Le Bourgeois gentilhomme

MONTAIGNE
- Essais

MORPURGO
- Le Roi Arthur

MUSSET
- Lorenzaccio

MUSSO
- Que serais-je sans toi ?

NOTHOMB
- Stupeur et Tremblements

ORWELL
- La Ferme des animaux
- 1984

PAGNOL
- La Gloire de mon père

PANCOL
- Les Yeux jaunes des crocodiles

PASCAL
- Pensées

PENNAC
- Au bonheur des ogres

POE
- La Chute de la maison Usher

PROUST
- Du côté de chez Swann

QUENEAU
- Zazie dans le métro

QUIGNARD
- Tous les matins du monde

Et beaucoup d'autres sur lePetitLittéraire.fr

ISBN version imprimée : 978-2-8062-1358-7

ISBN version numérique : 978-2-8062-1849-0

Dépôt légal : D/2013/12.603/365

Printed in Great Britain
by Amazon